이야기대화식으로 재미있게 배우는 **아름다운 십대 성경공부**

신앙원리

301시리즈 2

이대희 지음 · 바이블미션 편

KB206261

엔크리스토
ENCHRISTO

아름다운 십대 성경공부 시리즈 교재의 특성

1. 십대들이 꼭 알아야 할 핵심내용과 성경적인 가치관과 세계관을 정립하는 성경공부입니다.

2. 귀납적 형태를 띤 이야기대화식으로 탐구능력을 키우고 생각을 점차 열리게 하는 흥미로운 성경공부입니다.

3. 자유로운 토의와 열린 대화를 활발하게 하는 소그룹에 적합한 성경공부입니다.

4. 영적 사고력과 해석력과 분별력을 키우면서 스스로 적용능력을 점차 극대화시켜주는 성경공부입니다.

5. 본문 중심 성경공부로 성경 이야기 속으로 빠져 들어 말씀의 성육신을 경험하는 성경공부입니다.

6. 흥미와 재미를 갖도록 주제가 구성되어 있고 모두가 쉽게 참여하면서 영적 깊이와 변화를 체험하게 하는 전인적인 성경공부입니다.

7. 성경공부를 통하여 자연스럽게 학과공부와 전인교육에 필요한 논술력, 사고력, 상상력, 창의력, 응용력을 함께 개발시키는 성경공부입니다.

8. 분반공부와 제자훈련의 시간(30분, 1시간, 1시간 30분)을 탄력적으로 상황에 따라 운영하며 사용할 수 있는 성경공부입니다.

9. 15년 동안 준비하고 실험한 성경공부 사역 전문가에 의하여 검증된 효과적인 공부 방법과 총체적이며 전인적인 교과과정이 체계적으로 구성된 신뢰할 만한 성경공부입니다.

아름다운 십대 성경공부 시리즈 전체 양육과정표

십대는 인생의 미래를 결정하는 가장 중요한 시기입니다. 믿음의 기초와 바른 가치관과 기독교적 세계관이 형성되는 인생의 주춧돌을 쌓는 시기입니다.

'아름다운 십대 성경공부 시리즈'는 1년 단위로 3년 동안 중·고등부가 함께 사용할 수 있게 구성되었습니다. 기본적인 양육과정의 틀은 십대자아, 신앙세움, 십대생활, 십대문화, 성경인물입니다. 십대에 맞는 5개의 핵심주제를 균형있게 설정하여 3년 동안 주제를 점차 심화하고 확장하면서 전인적이고 통전적인 신앙인으로 자라가도록 구성하였습니다. 전체적인 양육 커리큘럼을 그리면 다음과 같습니다.

양육주제	101시리즈	201시리즈	301시리즈
십대자아	자기 정체성	가치관	비전과 진로
신앙세움	복음 만남	믿음뼈대	신앙원리
십대생활	신앙생활	십대생활	생활열매
십대문화	멋진 사춘기	유혹탈출	인생수업
성경인물	예수의 사람	하나님의 사람	성령의 사람

● 각 권은 10과-12과로 구성되어 있으며 3년 과정으로 중·고등부가 학년에 상관 없이 모두 사용할 수 있습니다. 과정을 계속하여 사용하기를 원하시면 중·고등부와 청장년이 함께 사용할 수 있는 '투데이 성경공부 시리즈'(이대희 저, 엔크리스토)에서 필요한 주제를 선택하여 교과과정을 자체적으로 구성하여 사용할 수 있습니다.

● 교재 사용중 의문 사항은 ckr9191@hanmail.net로 메일을 보내시거나 바이블미션(031-702-9078, 016-731-9078, www.bible91.org)에 문의하시면 친절히 답변해드리겠습니다.

● 지도자 훈련 세미나 : 지도자와 교사를 위한 훈련 세미나. 내용은 홈페이지 참조.

위대한 하나님의 꿈을 꾸는 아름다운 십대여!

십대는 꿈을 꾸는 시기입니다. 얼마나 바른 꿈을 꾸며 그것을 위해 노력하고 훈련하는가에 따라 미래가 결정됩니다. 특히 이때 하나님께서 주신 뜻을 찾기 위해 성경공부를 하는 것은 정말 소중한 일입니다. 십대는 인생의 방향을 결정하는 중요한 시기이므로 이 시기를 특별하게 생각하고 고귀하게 보내야 합니다.

그러나 교회학교 교육은 이런 소중한 시간에 우리의 십대들이 말씀에 재미를 느끼고 인생을 계획하는 데 구체적인 지침을 마련해주지 못해 너무나 안타깝습니다. 십대 때 꿈을 발견하고 가꾸지 못하면 나중에는 갈팡질팡하며 방향을 잃고 방황하게 됩니다. 그러므로 이 시점에서 '아름다운 십대 성경공부 시리즈'는 꼭 필요하다고 생각합니다.

아름다운 꿈은 거저 얻을 수 없습니다. 남이 가르쳐주거나 사회가 알려주는 것도 아니고 학교에서 배우는 것도 아닙니다. 꿈은 오직 하나님만 가르쳐주실 수 있습니다. 우리가 꾸는 꿈은 전적으로 하나님의 꿈이어야 합니다. 하나님께서 보시기에 아름다운 것이어야 합니다. 그러려면 우리는 당연히 성경으로 돌아와서 나에게 향하신 하나님의 꿈을 발견해야 합니다. 말씀 안에서 인생관과 세계관을 설정하고 그것을 위해서 부단히 땀을 흘려야 합니다. 모쪼록 이런 귀중한 일에 이 성경공부 교재가 쓰이길 바랍니다. 알고보면 이것처럼 신나고 보람된 일은 없습니다. 이 교재를 통해 놀라운 하나님의 음성을 듣고 하나님께서 원하시는 아름다운 인생의 꿈을 발견하기를 간절히 바랍니다.

하나님의 위대한 인물을 꿈꾸며 나가는 훌륭하고 아름다운 십대들을 위해 수고하시는 교역자와 교사들과 이 교재를 사용하는 모든 교회 현장과 삶의 자리에 하나님의 큰 도우심이 있기를 기도합니다. 이 교재를 위해서 수고한 많은 사랑하는 동역자들에게 감사드립니다.

오직 주님께 영광을……

이대희

모든 것은 원리가 있습니다. 신앙생활도 원리가 있습니다. 아무렇게나 신앙생활을 하기보다는 신앙의 원리를 찾아서 신앙생활을 해야 즐거움도 있고 발전도 있습니다. 십대에서 시작한 신앙은 십대로 끝나는 것이 아니라 평생을 가야 합니다. 그렇게 하자면 변하지 않는 원리를 잡아야 합니다. 방법은 시대가 지나면서 나이와 상황에 따라 달라집니다. 새로운 방법이 만들어지기도 합니다. 그러나 원리는 변하지 않습니다. 성경 속에 제시된 변하지 않는 신앙의 원리를 찾아가는 여행은 꼭 필요합니다.

신앙원리를 찾아가면서 나에게 부족한 원리는 무엇이며 어떻게 그것을 나의 신앙의 핵심으로 삼을 것인가를 생각하는 과정이 되어야 합니다. 기본에 충실하지 못하면 어려움이 올 때 무너지고 실패합니다. 조금 늦어도 원리와 기본을 잘 다져나가야 합니다. 신앙의 뿌리며 핵심인 신앙의 원리를 잘 정립하여 그 원리에서 계속 삶의 방법들을 찾아가도록 해야 합니다.

공부해가는 과정 속에서 내가 생각한 원리와 성경이 제시한 원리가 무엇이 다른지를 찾아 비교하면 유익할 것입니다. 그리고 자기 나름대로 확실한 신앙의 원리를 정립하는 시간이 되어야 합니다. 원리가 분명하면 거기서 창의적인 생각과 응용력이 생깁니다. 그러나 원리가 부족하면 새로운 것들을 재창출할 수 없습니다. 창의적인 신앙생활을 하기 위해서 신앙의 원리를 살펴보는 것은 참으로 중요한 일입니다.

신앙
원리   **차 례**

그곳에서 만납시다

교도소 목사로 가기로 결심한 어느 목사님이 고별 설교에서 이렇게 말했습니다.
"저는 여기서 더 이상 할 일이 없습니다. 그래서 저는 교도소에서 죄수들에게 복음을 전하는 일을 하려고 합니다."
그러고는 목사님은 요한복음 14장을 읽고 설교했습니다.
"여러분, 우리가 지금은 헤어지지만 다시 만납니다.
내가 먼저 가서 너희 있을 곳을 예비하노라. 아멘."
설교를 마치자 목사님은 찬송가를 불렀는데
그 찬송가의 제목은 "그곳에서 다시 만나세"였습니다.

십대와 창조

하나님이 그 일곱째 날을 복되게 하사 거룩하
게 하셨으니 이는 하나님이 그 창조하시며 만드시던 모
든 일을 마치시고 그날에 안식하셨음이니라

— 창세기 2:3

마음을 여는 &대화

다음에 대해서 서로 의견을 나누어 보십시오.

● 창조는 무엇입니까? 창조는 누구만 할 수 있습니까?

● 재창조는 무엇입니까?

● 창조와 발견(발명)을 비교해 보십시오.

● 인간의 창조란 무엇을 의미하는지 정의해 보십시오.

말씀 이야기 나누기

창세기 1:24-2:3을 읽고 서로 이야기를 나누어 보십시오.

1 하나님은 세상을 어떻게 창조하셨습니까?(24)

_____

_____

_____

_____

2 하나님은 짐승과 육축들을 어떤 원리로 만드셨습니까?(25)

_____

_____

_____

_____

3 인간을 만드신 방법을 말해 보십시오.(26-27)

_____

_____

_____

_____

④ 하나님은 인간을 통하여 세상을 어떻게 유지하시고 보존하시는지 인간의 사명에 대해 말해 보십시오.(28)

_____

_____

_____

⑤ 인간과 생명들에게 주신 식물은 무엇입니까?(29-30)

_____

_____

_____

⑥ 하나님이 창조하시고 어떻게 평가하셨습니까? 마지막날에 하신 일은 무엇입니까?(31-2:3)

_____

_____

_____

하나님이 그 일곱째 날을 복되게 하사 거룩하게 하셨으니 이는 하나님이 그 창조하시며 만드시던 모든 일을 마치시고 그날에 안식하셨음이니라

생각을 깊게 하는 대화

1_ 하나님은 종류대로 생물들을 창조하셨습니다. 생물 중에서도 그 종류대로, 생물과 인간을 서로 다른 종으로 만드셨습니다. 하나님의 창조 질서를 알 수 있습니다. 그러나 인간은 그것을 혼합하여 하나님의 창조 질서를 파괴하고 있습니다. 이것을 통해 발견되는 영적 교훈은 무엇입니까?

_____

_____

_____

2_ 인간을 하나님의 형상으로 만드신 이유는 무엇입니까? 아울러 인간에게 세상을 다스리고 관리하고 정복하고 번성하는 사명을 주셨는데 그 이유를 말해 보십시오.

_____

_____

_____

3_ 하나님께서 창조하신 모습을 통해 우리가 거역하고 있는 창조 질서의 모습을 말해 보십시오. 이것의 결과는 무엇입니까?

_____

_____

_____

생활 속에서 실천하기

1_ 하나님의 창조하심을 나는 얼마나 확신하고 있습니까?

_____

_____

_____

2_ 현재 우리 가운데 하나님의 창조 질서를 어기고 있는 모습이 있다면 어떤 것인지 말해 보십시오.

_____

_____

_____

3_ 하나님의 형상을 닮은 나의 창조의 사명과 각오를 말해 보십시오.

_____

_____

_____

함께 읽으면서
decide together
결단하기

대리자 인간

하나님은 이 세상을 창조하신 후에 모든 것을 자기 형상대로 만든 인간에게 위임하셨습니다. 하나님은 인간을 통해 하나님이 만드신 세상을 관리하고 다스리고 생육하고 번성하고 충만하게 하셨습니다. 하나님이 세상에서 가장 소중하게 생각하는 것은 인간입니다. 그런데 인간은 하나님을 배반하고 하나님을 대신하려고 교만하게 행했습니다. 그럼에도 하나님은 인간을 사랑하여 인간을 위해 대신 십자가에서 죽으셨습니다. 오늘도 하나님은 인간을 사랑하시고 계십니다. 그리고 인간이 본래의 창조 사명을 감당하기를 원하고 계십니다.

하나님은 혼자서 일하실 수 있지만 인간을 통해서 일하기를 원하십니다. 하나님을 신뢰하는 믿음의 사람을 만들어서 그 사람을 통하여 하나님의 일을 하십니다. 성경에 나오는 수많은 인물들이 이런 하나님의 믿음에 합당한 사람입니다. 하나님의 뜻을 이해하고 그것을 마음에 품은 사람을 만드시기 위하여 많은 시련과 고난을 주십니다. 그렇게 하나님의 사람을 만드십니다. 믿음의 사람이 되기까지 하나님은 기다리십니다. 하나님은 아브라함을 25년 기다리면서 믿음의 사람으로 만드셨습니다. 모세는 80년을 기다리셨습니다. 인간의 몸을 입고 태어나는 믿음의 사람 마리아가 나오기까지 400여 년이 걸렸습니다.

오늘도 하나님은 믿음의 사람을 찾고 계십니다. 그리스도를 믿는 십대들은 하나님의 대리자로 살아야 합니다.

하나님이 찾으시는 그런 믿음의 사람이 되기 위해 노력해야 합니다. 이런 비전을 품고 하나님께 쓰임 받는 사람이 되어야 합니다. 하나님의 창조사역을 감당하는 위대한 삶을 살아야 합니다.

15

하나님 증명

두 사람이 교회 안에서 서로 자기의 주장을 말하고 있었습니다.

"하나님 앞에서는 누구나 똑같습니다."

"증명할 수 있습니까?"

"바울이 갈라디아서 3:28에서 유대인이나 그리스도인이나 종이나 자유자나 남자나 여자나 아무런 차별이 없다고 말했습니다."

"그래도 하나님 앞에서 모두가 똑같지는 않습니다."

"증명할 수 있습니까?"

"예수님께서 말씀하시길 마지막 날에 양은 오른편에 염소는 왼편에 갈라놓겠다고 하셨으니까요."

십대와 유일성

이스라엘아 들으라 우리 하나님 여호와는 오직
유일한 여호와이시니

— 신명기 6:4

● "나 외에는 다른 신들을 네게 두지 말지니라"(신 5:7)라는 말에 대해서 어떤 생각을 가지고 있는지 말해 보십시오.

_____

_____

_____

_____

● 왜 하나님은 한 분이어야 하는지 말해 보십시오.

_____

_____

_____

_____

● 기독교의 하나님만 유일하다고 하는 것은 독선이라고 말하는 비난에 대해 나는 어떻게 생각합니까?

_____

_____

_____

말씀이야기 나누기

신명기 6:1-9을 읽고 서로 이야기를 나누어 보십시오.

1 하나님이 인간에게 가르치고 명령하신 것은 무엇입니까?(1)

2 이러한 명령을 내리신 이유는 무엇입니까?(2)

3 하나님의 말씀을 지킬 때 이스라엘은 어떤 복을 받는다고 했습니까?(3)

❹ 우리가 계속 꼭 들어야 할 하나님의 말씀은 무엇입니까?(4)

_____

_____

_____

❺ 하나님에 대해 인간은 어떤 태도를 취해야 합니까?(5)

_____

_____

_____

❻ 6-9절은 결국 우리가 어떤 삶을 살아야 하는지 말씀하고 있습니다.
그 내용을 정리해 보십시오.

_____

_____

_____

이스라엘아 들으라

우리 하나님 여호와는 오직 유일한 여호와이시니

생각을 깊게 하는 대화

1_ 하나님께서 우리에게 계명을 주신 이유는 무엇입니까? 계명에 대한 우리의 바른 자세를 말해 보십시오.(참고, 마 11:28-30, 요일 2:3-5, 3:22-24, 5:2-3)

_____

_____

_____

2_ 우리가 믿는 하나님은 유일하신 하나님입니다. 나 외에 다른 신이 없다고 성경은 말하고 있습니다. 하나님이 유일신이라는 것이 우리에게 주는 영적 교훈과 유익을 말해 보십시오.

_____

_____

_____

생활 속에서 실천하기

1_ 나는 현재 하나님의 말씀에 대해서 어떤 자세를 가지고 있습니까?

2_ 나는 하나님을 정말 소중한 분이라고 생각합니까? 나의 신앙생활을 살펴보면서 점검해 보십시오.

3_ 오늘 말씀에서 특별히 도전 받은 내용은 무엇입니까?

진리는 하나입니다

참 진리는 오직 하나입니다. 인간이 태어나는 방법은 오직 하나입니다. 부모님을 통하지 않고 인간이 태어날 수 없습니다. 마찬가지로 진리는 둘이 될 수 없습니다. 한 샘에서는 한 가지 물만 나옵니다. 짠물과 쓴물이 함께 나올 수 없습니다. 이것은 만고불변의 진리입니다. 우리가 믿는 분도 마찬가지입니다. 우리가 마지막에 만나야 할 분은 오직 한 분이신 하나님이십니다. 부부도 하나입니다. 사랑하는 사람도 하나입니다. 여럿이 되면 진정한 사랑이라 말할 수 없습니다. 한 사람을 진정으로 사랑할 수 있다면 그것처럼 아름다운 일은 없습니다. 세상의 소중한 것들은 하나입니다. 많지 않습니다.

신이 많아야 한다고 말하면 그것은 진정한 신이 아닙니다. 인간의 편의에 의해 선택할 수 있는 신이라면 그것은 인간이 만든 우상입니다. 사람들은 자기가 중심이 되어 모든 것을 하고 싶어합니다. 인간의 죄악된 속성입니다. 그런 이유로 하나님을 믿을 때도 한 하나님보다는 여러 하나님을 선호하고 그런 신관을 만들어냅니다.

많은 사람들은 이것에 함께 속고 있습니다. 하나님을 유일하신 신으로 믿는 기독교는 이런 상황에서 많은 핍박을 받아왔고 지금도 종종 박해를 받고 있습니다. 지금 내가 하는 것들은 알고 보면 오직 한 분이신 하나님을 위해서 하는 일입니다. 인간이 자신을 만드신 하나님을 온전히 사랑하는 것처럼 행복한 일은 없습니다. 십대여! 어떤 어려움 속에서도 오직 한 분이신 하나님만 바라보고 살아갑시다.

바로 그것이요

이슬람 신자 한 사람과 기독교 신자 한 사람이
근동으로 가는 비행기 안에서 서로 옆자리에 앉아 가게 되었습니다.
서로 아주 유익하고 즐거운 대화를 나누었는데 비행기에 내리면서
이슬람 신자가 기독교 신자에게 다음과 같이 이야기했습니다.
"참 안됐습니다. 저는 지금 메카로 갑니다.
그곳에는 마호메트의 무덤도 있고 그 안에는 시신도 있지요.
당신은 예루살렘으로 가지만
그곳에 보이는 것이라고는 빈무덤뿐 아니요?"
기독교 신자는 다음과 같이 대답했습니다.
"네 맞습니다. 바로 그것이 당신과 내가 믿는 종교의 차이점입니다."

십대와 부름

여호와께서 **아브람**에게 이르시되

너는 너의 고향과 친척과 아버지의 집을 **떠나**

내가 네게 보여 줄 **땅**으로 가라

— 창세기 12:1

마음을 여는 & 대화

● 지금까지 살아오면서 부모님이나 선생님으로부터 도저히 이해할 수 없는 요구를 받은 적이 있다면 이야기해 보십시오.

_____

_____

_____

_____

● 그때의 나의 반응은 어떠했는지 말해 보십시오.

_____

_____

_____

_____

● 요즈음 마음속에 가장 많이 생각하고 있는 것은 무엇입니까?

_____

_____

_____

_____

말씀이야기 나누기

창세기 11:31–12:9을 읽고 서로 이야기를 나누어 보십시오.

1 아브람의 고향과 그의 여행지는 어디이며 지금 어디까지 와 있는지
말해 보십시오. (11:31-32)

2 하나님이 아브람에게 어떤 명령을 내리셨는지 그 내용을 요약해 보
십시오. (1-3)

3 아브람은 하나님께 어떤 축복을 받았습니까? (2-3)

④ 아브람은 하나님의 명령에 어떻게 응답했습니까?(4-5)

⑤ 아브람은 하나님의 명령에 순종하여 가나안으로 갔습니다. 아브람은
하나님의 축복의 말씀을 구체적으로 다시 듣고 그것에 감사하며 어
떤 행동을 취했습니까?(6-9)

여호와께서 아브람에게 이르시되

너는 너의 고향과 친척과 아버지의 집을 떠나 내가 네게 보여 줄 땅으로 가라

생각을 깊게 하는 대화

1_ 하나님의 부름은 무조건적이고 일방적인 것이었습니다. 아브람이 여행할 때 행선지가 어디인지 구체적으로 알지 못했음을 통해 이것을 알 수 있습니다. 이때 아브람의 심정은 어떠했으며 아브람이 이렇게 순종할 수 있었던 이유는 무엇인지 말해 보십시오.

2_ 하나님의 부름에는 언제나 놀라운 축복이 뒤따릅니다. 하나님의 부름에는 복이 담겨 있습니다. 아브람에게 주었던 복은 무엇이며 이것을 통해 발견되는 하나님의 축복의 원리(비결)를 말해 보십시오.

생활 속에서 실천하기

1_ 내가 오늘 아브람의 신앙을 통해서 배워야 할 가장 중요한 것을 말해 보십시오.

_____

_____

_____

2_ 나의 인생을 인도하시는 분은 하나님이십니다. 나는 어떤 부름을 받았습니까? 하나님이 말씀하시는 나의 인생의 길을 묵상해 보십시오.

_____

_____

3_ 짝을 지어 서로 미래의 꿈을 말해보고 서로를 위해서 기도하는 시간을 가져 보십시오.

_____

_____

_____

내 계획이 아닙니다

사람마다 살아가는 방식이 있습니다.

보통 사람들은 운을 믿습니다.

살다가 좋은 운이 오면 운이 좋은 사람이라고 하면서 그를 부러워합니다.

그리스도인의 인생길은 세상 사람과 다릅니다.

세상 사람들은 자기가 세워 놓은 가치관을 따라가지만

그리스도인은 하나님이 세워 놓은 계획을 따라갑니다.

하나님의 계획을 알고 그 계획에 순종하며 살 때가 가장 행복합니다.

모든 믿음의 위인들이 그렇게 살았습니다.

자기의 뜻을 이루는 것이 아니라 하나님의 뜻을 이루는 삶을 살았습니다.

그리스도인의 가장 확실한 계획은 하나님을 믿고 신뢰하는 것입니다.

그것 이상 큰 계획이 없습니다.

그분의 음성을 듣고

그분의 음성에 순종하며

그분의 음성을 따르는 것이

가장 확실한 방법입니다.

비록 내 생각에 옳지 않아 보이고

비록 내 경험에 맞지 않아도 말입니다.

왜냐하면 나보다 나의 길을

더 잘 아시는 분이 내가 아닌 하나님이시기에 그렇습니다.

십대여! 오늘도 하나님의 계획을 찾아 그 부름에 순종하십시오.

저는 못합니다

신랑 신부의
결혼식을 집례하던 목사님이
구약성경 룻기의 말씀을 인용하여 권면의 설교를 하고 있었습니다.
"당신이 가는 곳으로 저도 가겠으며
당신이 머무는 곳에 저도 머물겠습니다"(룻 1:16).
그때 이 성경구절을 듣고 있던 신부가
깜짝 놀라면서 이렇게 외쳤습니다.

"목사님, 저는 절대로 그렇게 못합니다."
"아니 왜요?"
"제 신랑은 온 동네를 매일 돌아다니는
우편배달부거든요."
"……?"

십대와 구원 04

너희를 내 백성으로 삼고 나는 너희의 하나님이 되리니 나는 애굽 사람의 무거운 짐 밑에서 너희를 빼낸 너희의 하나님 여호와인 줄 너희가 알지라

— 출애굽기 6:7

노예 시대에 어떤 사람이 가족들과 함께 깊은 산속을 지나가게 되었습니다. 맹수들이 많았기에 충성스런 마부는 총을 준비하고 갔습니다. 한참을 가고 있는데 갑자기 말들이 놀라서 멈추었습니다. 뒤를 보니 늑대들이 쫓아오고 있었습니다. 채찍을 휘둘렀지만 말들이 늑대보다 빨리 달리지 못했습니다. 마음은 급한데 말은 빨리 달리지 않고 늑대는 가깝게 다가오고 있었습니다. 다른 방도가 없었습니다. 이대로 가다가는 온 가족이 죽을 것 같았습니다. 총을 쏘는 것도 소용이 없었습니다. 말 두 필을 풀어서 늑대에게 주니 늑대들은 순식간에 물어뜯어 먹어 치웠습니다. 그러고 나서 늑대들은 다시 쫓아왔습니다. 아직도 마을은 멀었습니다. 앞길이 캄캄했습니다. 그때 마부가 주인에게 말했습니다.

"주인님, 여기는 제게 맡기시고 힘껏 달리십시오."

결국 주인은 마부만 남겨두고 가족들을 태운 말을 힘껏 몰아 달렸습니다. 그러고는 무사히 마을에 도착하게 되었습니다. 나중에 주인이 마을 사람들을 동원하여 다시 그 자리에 가보니 마부는 죽고 시체는 다 뜯겨져 앙상한 뼈만 남아 있었습니다. 마부가 주인과 가족을 위해서 자기의 생명을 바친 것입니다. 주인은 너무 감격하고, 또 안타까워하며 그 자리에 마부의 기념비를 세웠습니다.

● 위의 이야기를 읽고 각자 느낀 점을 말해 보십시오.

말씀이야기 나누기

출애굽기 6:2-9을 읽고 서로 이야기를 나누어 보십시오.

① 하나님은 자기 자신에 대해서 누구라고 소개하고 있습니까?(2)

② 아브라함, 이삭, 야곱에게 나타난 하나님은 어떤 하나님이십니까?(3)

③ 이스라엘과 하나님은 어떤 언약을 맺었습니까?(4-5)

4 애굽에서 이스라엘에게 나타난 하나님은 어떤 하나님이십니까?(6-8)

_____

_____

_____

5 모세가 하나님의 구원의 뜻을 전했을 때 이스라엘 자손들의 반응은
  어떠했습니까?(9)

_____

_____

_____

너희를 내 백성으로 삼고 나는 너희의 하나님이 되리니 나는 애굽
사람의 무거운 짐 밑에서 너희를 빼낸 너희의 하나님 여호와인 줄 너희가 알지

생각을 깊게 하는 대화

1_ 하나님은 언약의 하나님이십니다. 하나님은 자신이 한 언약의 말씀은 분명히 지키시는 신실한 분입니다. 또 하나님은 전능하시고 구원하시는 하나님이십니다. 하나님이 나를 어떻게 구원하셨는지 말해 보십시오.

2_ 여호와는 "그는 있다", "스스로 있는 자"라는 뜻을 가지고 있습니다. 이것의 의미는 무엇인지 구원과 관계하여 하나님에 대한 우리의 이해를 정리해 보십시오.

생활 속에서 실천하기

1_ 이 시간 하나님으로부터 건져냄(구원)을 받아야 할 부분이 있으면 말해 보십시오. 또 하나님의 구원이 절실히 필요한 곳을 찾아 보십시오.

_____

_____

_____

_____

2_ 나는 하나님이 나의 하나님이심을 얼마나 믿고 살고 있습니까? 아울러 하나님으로부터 구원받았음을 얼마나 믿고 살아가고 있습니까?

_____

_____

_____

_____

3_ 오늘 본문을 통하여 깨달은 은혜를 말해 보십시오.

_____

_____

_____

진정한 구원자

세상의 신들은 모두 인간이 만든 신입니다. 우리는 이것을 우상이라고 말합니다. 그것들은 인간의 작품입니다. 그리스 신화나 로마 신화에 나오는 신들의 이야기는 모두 인간이 상상하여 만들어낸 것입니다. 여기에는 인간과 신의 중간 개념과 같은 괴물 이야기들로 가득 차 있습니다. 바알 신이 그런 예입니다. 말도 할 수 없고 기도를 들을 수 없는 비인격체인 신입니다. 죽은 신이요 아무 응답이 없는 그런 신입니다.

그러나 우리가 믿는 하나님은 스스로 있는 분입니다. 인간이 만들 수 없는, 스스로 존재하는 분입니다. 그 하나님이 세상과 우리를 만드셨습니다. 우주를 창조하신 하나님은 우리를 책임지시고 구원하십니다. 우리의 고통과 아픔을 하나님은 언제나 듣고 계시며 우리에게 말씀하십니다.

"내가 너를 구원하리라."

절망 가운데 있을 때, 죽고 싶을 때, 모든 것이 막혀 버렸을 때 우리를 기억하시며 구원하시는 하나님을 바라보아야 합니다. "내가 세상 끝날까지 너희와 함께하리라"는 말씀을 믿고 우리는 다시 일어나야 합니다. 우리가 믿는 하나님은 우리의 기도를 듣고 계십니다. 그리고 우리를 구원하기 위하여 오늘도 준비하고 있습니다. 나를 만드신 분만이 오직 나를 구원할 수 있습니다. 잘못된 이야기에 속으면 안 됩니다. 십대여! 당신을 진정 구원할 자는 하나님 한 분뿐입니다.

● 웃음 천국

내가 우는 이유는?

어떤 억만장자가 오랜 투병 생활 끝에 죽었습니다.
며칠 후에 장례식이 있었는데
신사 한 분이 맨 뒷줄에서 유난히 크게 슬프게 울어댔습니다.
두 사람이 팔을 끼고 부축하지 않으면 안 될 정도였습니다.
하관식을 모두 끝낸 목사님이 슬피 우는 그 신사에게
다가서서 위로의 말을 건넸습니다.
"선생님, 그 아픈 마음을 무슨 말로 위로해 드릴 수 있겠습니까?
선생님께서는 분명히 돌아가신 그분과 아주 가까운
친척 관계가 되시는 것 같습니다만."
그러자 슬피 울던 그 신사가 갑자기 울음을 그치고
퉁명스럽게 말했습니다.
"아무런 친척 관계도 아닙니다.
바로 그 이유 때문에 이렇게 슬피 울고 있다니까요.
생각해 보세요. 얼마나 억울한지……."

십대와 기적

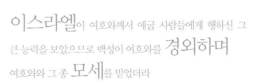

이스라엘이 여호와께서 애굽 사람들에게 행하신 그
큰 능력을 보았으므로 백성이 여호와를 경외하며
여호와와 그 종 모세를 믿었더라

— 출애굽기 14:31

마음을 여는 &대화

해외 토픽에 난 이야기입니다. 어떤 사람이 성경 말씀대로 실천하겠다고 했습니다. 그는 베드로가 갈릴리 호수를 걸었던 그 기적을 실행에 옮길 거라고 했습니다. 그는 성경 말씀을 믿고 갈릴리 바다에 들어갔다가 그만 빠져 죽었다고 합니다.

● 왜 이런 현상이 일어났습니까?

● 어느 때 기적이 일어납니까?

● 기적의 정의를 내려보십시오.

말씀이야기 나누기

출애굽기 14:10-31을 읽고 서로 이야기를 나누어 보십시오.

1 이스라엘 민족들이 뒤에 쫓아오는 애굽 사람들을 보고 모세에게 뭐라고 불평했습니까?(10-12)

2 이때 모세가 백성들에게 뭐라고 대답했는지 정리해 보십시오.(13-14)

3 하나님이 모세에게 명하신 일은 무엇이며 모세는 명령에 어떻게 순종하였습니까?(15-21)

④ 이스라엘 민족은 죽음의 위협 앞에서 그 어려운 홍해를 어떻게 건넜습니까?(22-25)

_____

_____

_____

⑤ 바로의 군대가 하나도 남김없이 멸망하였는데 어떤 모습으로 하나님의 심판을 받았습니까?(26-28)

_____

_____

_____

⑥ 하나님이 이스라엘을 구원하신 사건에 숨겨진 하나님의 계획(뜻)을 말해 보십시오.(18, 29-31)

_____

_____

_____

이스라엘이 여호와께서 애굽 사람들에게 행하신 그 큰 능력을 보았으므로 백성이 여호와를 경외하며 여호와와 그 종 모세를 믿었더라

생각을 깊게 하는 대화

1_ 홍해의 기적을 통하여 발견되는 하나님의 기적의 의미를 이야기해 보십시오.

2_ 기적은 언제나 구원과 관계가 있습니다. 죽을병에서 나음을 입거나 끔찍한 사고에서 구출을 받거나 신비한 사건을 경험하는 등의 기적은 결국 무엇을 목표로 하고 있습니까? 우리 주위에 있는 기적에 대한 잘못된 생각에 대해서 말해 보십시오.(참고, 눅 11:29-32)

생활 속에서
실천하기

1_ 현재 나의 앞길을 가로막는 홍해와 같은 장애물은 없습니까? 또한 이 것을 건너기 위한 방법으로 하나님의 기적을 구하기 위해서 내가 해야 할 일과 자세는 무엇입니까?

_____

_____

_____

2_ 나의 인생에 있어서 하나님은 어떤 기적으로 함께하셨는지 나의 생애 에 나타난 기적을 말해보고, 현재 일상생활 가운데 일어나는 기적 사건이 있다면 말해 보십시오.

_____

_____

_____

3_ 오늘 말씀을 통하여 도전 받은 내용이 있다면 무엇입니까?

_____

_____

모든 것이 기적입니다

세상의 모든 것은 알고 보면 다 기적입니다. 우리는 기적을 잘 믿지 않습니다. 그러나 기적을 믿지 않는다는 것은 하나님의 존재를 부정한다는 것과 같습니다. 자기힘으로 사는 사람은 기적을 믿지 않습니다. 하나님의 존재를 믿지 않으면 기적 역시 믿지 않게 됩니다. 기적이란 인간이 할 수 없는 일을 말합니다. 인간의 부족함을 아는 사람들은 언제나 하나님의 기적을 바랍니다. 하나님이 하시는 일은 다 기적입니다. 사람이 할 수 없는 일은 많이 있습니다. 아무리 과학이 발달하고 기술이 대단하다 해도 인간의 힘으로 할 수 없는 일들이 있습니다. 예를 들면 천재지변은 인간의 힘으로 어찌 할 수 없습니다. 홍수를 내리지 못하게 한다든지 지구의 온난화 현상을 막는 일은 거의 불가능합니다. 자연의 모든 섭리는 하나님이 만드신 것으로 인간이 그 질서를 역행할 수 없습니다. 기적을 믿지 않으면 하루도 살 수 없습니다. 현재 내가 살고 있는 것 자체가 기적입니다. 숨을 쉬고 말하고 바라보고 생각하는 것 자체가 우리의 이성으로는 이해가 불가능한 기적의 일입니다. 이런 일이 우리의 매일 속에서 일어나고 있습니다. 너무나 신기합니다. 그럼에도 사람들은 이것을 당연하게 받아들이고 있습니다. 우리는 눈에 보이는 기적만 생각하지만 눈에 보이지 않는 기적이 눈에 보이는 기적보다 훨씬 많습니다. 그러기에 우리는 하나님을 믿지 않을 수 없습니다. 인간은 스스로 자만하는 우를 더 이상 범하지 말아야 합니다. 겸손하게 하나님이 하실 일을 기대하면서 살아가야 합니다. 오늘도 하나님이 베풀어주신 기적의 은혜를 감사하면서…….

십대여! 기적을 볼 수 있는 자만이 기적의 주인공이 됩니다.

성경공부 시간에

나이가 지긋한 목사님이 교회에 부임하셔서 성경공부 시간에 가르치셨습니다.
그런데 이 목사님은 주일예배 때에도 그리고 성경공부 시간에도
아주 엄격하게 질서를 강조하셨습니다.
하루는 어린이 성경공부 시간에 목사님이 들어오셨습니다.
"어린이 여러분, 나는 성경공부 시간에 필요한 말을 하는 것 이외에
다른 말을 길게 하는 것을 아주 싫어하는 사람입니다.
그러니 시간을 아끼기 위해서 내가 여러분들 중에서 한 사람을 보고 손가락을 까
딱 하면 그 학생은 앞으로 나와서 내 질문에 대답을 해야 합니다. 알았습니까?"
그러자 은총이라는 꼬마아이가 손을 번쩍 들면서 이렇게 대답했습니다.
"잘 알았습니다, 목사님. 앞으로 꼭 그렇게 하도록 하겠습니다.
그리고요, 만일 저도 말을 하지 않고 고개를 가로로 저으면
그때는 제가 목사님 앞으로 안 나간다는 뜻이에요!"
"……"

십대와 순종 06

네가 이같이 **행하여** 네 아들
네 **독자**도 아끼지 아니하였은즉

— 창세기 22:16

마음을 여는 &대화

● 성경 말씀을 읽는 중에 나의 생각으로 이해할 수 없는 비합리적인 부분이 있다면 무엇인지 말해 보십시오.

1)

2)

3)

● 신앙생활을 하면서 나의 생각으로 이해할 수 없는 하나님의 일이 있다면 말해 보십시오.

1)

2)

3)

말씀이야기 나누기

창세기 22:1-19을 읽고 서로 이야기를 나누어 보십시오.

1 하나님은 아브라함을 어떻게 시험했습니까?(1-2)

2 아브라함은 하나님의 말씀을 듣고 어떤 행동을 취했습니까?(3-4)

3 5-8절의 말씀을 읽고 그때의 상황을 상상하여 4컷으로 스케치해 그려 보십시오.

④ 아브라함은 모리아 산에 이른 후 하나님께 이삭을 바치려고 준비했습니다. 어떤 방법으로 준비했는지 말해 보십시오.(9-10)

⑤ 아브라함의 순종에 대해 하나님은 어떻게 축복하셨습니까?

1) 현재적인 축복(11-14)

2) 미래적인 축복(15-19)

네가 이같이 행하여 네 아들 네 독자도 아끼지 아니하셨은즉

생각을 깊게 하는 대화

1_ 다음의 상황에서 아브라함은 어떤 심정이었을지 대답해 보십시오.

하나님 − "독자 이삭을 번제로 드리라."

이삭 − "번제할 어린양은 어디 있습니까?"

아브라함 − "아브라함이 손을 내밀어 이삭을 잡으려 할 때"

2_ 왜 하나님은 이해할 수 없는 일들을 주시면서 우리에게 절대적인 순종을 요구하십니까?(참고, 창 12:10-11; 벧전 1:22)

생활 속에서 실천하기

1_ 현재 나의 생활 가운데 잘 이해되지 않아 불순종한 하나님의 명령이나 요구가 있으면 말해 보십시오.

_____

_____

_____

2_ 아브라함과 같은 위대한 믿음을 갖기 위해서 내가 이 시간 가져야 할 하나님에 대한 믿음은 무엇인지 말해 보십시오.

_____

_____

3_ 본문을 통해 특별히 도전 받고 깨달은 말씀을 나누고 감사의 기도를 함께 드리십시오.

_____

_____

_____

"예" 신앙

신앙은 둘이 아닌 하나를 믿는 것입니다. 신앙은 진리를 믿는 것입니다. 신앙은 다른 말로 하면 순종입니다. 순종에서 신앙이 자랍니다. 신앙은 언제나 "예"만 있고 "아니요"는 없습니다. 우리가 믿는 신앙은 아멘 신앙입니다. 아멘은 "예"라는 의미입니다. 우리는 무조건 하나님의 뜻이라면 "아멘" 해야 합니다. 왜냐하면 하나님은 신실하시고 완전하시기에 하나님께 대해서 "예" 하는 것은 너무나 당연합니다. 하나님이 최고의 답이기 때문입니다. 나는 정말로 하나님을 완전하신 하나님으로 믿습니까? 그러면 하나님의 말씀 그대로 순종해야 합니다.

하나님이 성경을 우리에게 주신 것은 그 말씀대로 실천하면 복을 주시기 위해서입니다. 우리는 하나님이 기록하신 성경을 그대로 믿고 따라야 합니다. 그것이 우리가 사는 길이요 축복 받는 지름길입니다. 우리는 하나님을 이해하기에 순종하는 것이 아니고 하나님이 말씀하셨기에 순종하는 것입니다. 순종이 힘든 것은 하나님에 대한 신뢰가 아직 부족해서입니다. 하나님을 분명히 믿을 수 있다면 무슨 말씀을 하시든지 그대로 순종하게 됩니다. 좋아하는 사람의 말은 그대로 믿습니다. 말을 순종하는 것이 아닌 인격을 믿고 따르는 것입니다. 이해가 되는가 되지 않는가보다 누가 말씀하셨는가가 더 먼저입니다. 하나님은 언제나 순종하는 자에게 복을 주셨고 그런 자를 통하여 하나님의 뜻을 나타내셨습니다.

십대여! '아니요' 보다는 '예' 하는 사람이 되십시오. 비록 손해를 본다 해도 주의 음성이라면 무조건 믿고 따르는 신앙을 가지십시오.

경수의 생각

꼬마 경수는 어두움을 대단히 무서워했습니다.
그래서 엄마가 등불을 밖으로 갖고 나가는 것을
아주 싫어했습니다.
하루는 엄마가
"애야, 아무 걱정 말고 얌전히 자거라.
이 등불을 내가 갖고 나가더라도
너의 수호천사가 항상 네 곁에서 너를 보호해 주잖니?"
하며 달랬습니다. 그때 경수가 엄마 귀에 대고 천사가 못 알아듣도록 아주 낮은
목소리로 속삭였습니다.
"엄마, 그러지 말고 천사를 데리고 나가세요.
대신 등불을 여기에 두면 안 될까요?"

십대와 부활 07

만일 죽은 자의 **부활**이 없으면 **그리스도**도 다시
살아나지 못하셨으리라

— 고린도전서 15:13

● 부활이 있다는 것은 사람에게 주는 최고의 소망이요 비전입니다.
부활을 믿는 사람과 믿지 않은 사람은 어떤 점이 다른지 말해 보십시오.

● 부활이 없는 종교의 문제점은 무엇입니까?

말씀이야기 나누기

고린도전서 15:12-19을 읽고 서로 이야기를 나누어 보십시오.

1 복음의 내용 중에 십자가와 또 다른 하나는 무엇입니까?(12)

2 그리스도가 다시 살아나심으로 결국 무엇이 증명되었습니까?(13)

3 본문에서 '죽은 자의 부활(다시 사는 것)이 없으면' 이란 문장을 찾아
보십시오.(13, 14, 15, 16, 17)

④ 그리스도께서 다시 살아나지 못했다면 우리가 믿는 신앙의 결과는
어떻게 됩니까?(13-18)

_____

_____

_____

⑤ 그리스도인에게 부활이 없으면 어떤 상태입니까?(19)

_____

_____

_____

만일 죽은 자의 부활이 없으면 그리스도도
다시 살아나지 못하셨으리라

생각을 깊게 하는
대화

1_ 예수님이 부활하신 후의 모습은 어떠했습니까? 이것이 우리의 삶에 주는 유익은 무엇입니까?(참고, 눅 24:39)

2_ 부활에 대한 확실한 믿음은 우리들의 신앙생활에 어떤 영향을 줍니까?(참고, 계 14:13; 고전 15:29-34; 고후 4:14-18)

3_ 부활을 위한 전제 조건은 죽음입니다. 죽음이 없는 부활은 없습니다. 왜 그렇습니까?

생활 속에서 실천하기

1_ 나는 부활을 진정 믿습니까? 나의 부활신앙을 고백해 보십시오.

2_ 예수님의 부활에 대한 믿음이 나의 삶에 어떤 변화를 가져왔습니까?
혹, 예수님의 부활이 나의 삶에 중요한 부분이 되지 못한다면 그 이유가
무엇인지 말해 보십시오.

3_ 본문을 통해 발견되는 영적 교훈을 말해 보십시오.

부활이 없는 신앙

기독교에 부활이 없다면 헛된 종교입니다. 우리의 신앙에 부활이 빠져 있다면 사이비 신앙입니다. 부활에 대한 의심은 곧 예수님에 대한 의심입니다. 부활은 모든 것을 이기게 하는 인생의 종착역입니다. 부활을 믿으면 모든 것을 이긴 것입니다. 다시 살 수 있다고 믿기에 우리는 지금 이렇게 열심히 끝까지 포기하지 않고 살고 있습니다. 만약 인생이 이렇게 끝나고 부활이 없다면 굳이 이렇게 선하게 살려고 애를 쓸 필요가 없습니다. 그것처럼 어리석은 삶이 없습니다. 인생이 이렇게 끝난다면 아무렇게 살아도 됩니다. 닥치는 대로 인간의 욕망을 즐기면서 하고 싶은 대로 죄를 지으며 살아도 문제가 없습니다. 그런데 많은 사람들이 그렇게 하지 않는 것은 어쩌면 그들도 부활을 믿고 싶어서인지 모릅니다. 비록 말로는 부활을 부정하면서도 말입니다. 잠재의식 속에 부활을 믿고 싶은 마음이 숨어 있습니다.

우리에게 부활이 있다는 것을 몸소 보여준 십자가의 시간은 우리에게 최고의 희망입니다. 인간이 죽으면 그것으로 끝나는 것이 아닙니다. 다시 사는 부활이 있다는 것을 예수님이 직접 모델로 보여 주셨습니다. 이 세상에서 아무리 훌륭한 삶을 산다 해도 부활이 없다면 그는 불행한 사람입니다. 비전이 없는 사람과도 같습니다. 하루살이 곤충과 다를 바가 없습니다. 부활의 소망을 가지고 살아가면 이 세상 어떤 고난도 이길 수 있습니다. 포기하지 않고 다시 일어설 수 있습니다. 부활이 있으면 우리의 사전에는 절망이라는 단어는 없습니다. 우리의 삶은 부활을 믿는 믿음에서 완전히 달라집니다. 십대여! 부활의 소망의 소유 여하에 나의 인생이 결정됩니다. 부활의 소망을 가지세요.

헷갈리게 말게나

하루는 어떤 부자 한 사람이 교회에 와서
자신이 이번에 착수하려는 사업이 대단히 중요하므로
꼭 성공으로 이끌어 주십사 열심히 기도하고 있었습니다.
그런데 바로 그때 남루한 옷을 걸친 어떤 청년이 교회에 들어와
자기 뒷자리에 앉아서 이렇게 열심히 기도를 하였습니다.
"주님, 오늘 만 원을 벌게 해주세요. 제가 일자리를 얻어서
만 원을 꼭 벌게 해주세요. 저는 만 원이 꼭 필요합니다."
이 기도를 듣고 있던 부자가 뒤를 돌아보면서 그 청년에게
이렇게 말하였습니다.
"여보게, 젊은이. 여기 만 원이 있으니 어서 가져가게나. 그리고 그분이
제발 다른 데 신경을 쓰지 않도록 헷갈리게 하지 말게나!"
"엥?"

십대와 재림

평강의 하나님이 친히 너희를 온전히 **거룩하게** 하시고 또 너희의 **온 영**과 **혼**과 **몸**이 우리 주 **예수** 그리스도께서 **강림**하실 때에 흠 없게 보전되기를 원하노라

— 데살로니가전서 5:23

다음 물음에 답해 보십시오.

1) 내가 현재 가장 기대하고 바라는 가장 큰 소원을 말해 보십시오.

2) 내가 가장 만나고 싶은 사람은 누구입니까?

3) 나는 인생의 마지막에 주님 앞에 섭니다. 그 앞에서 하고 싶은 말이 있다면 무엇입니까?

말씀이야기 나누기

데살로니가전서 5:12-24을 읽고 서로 이야기를 나누어 보십시오.

1 재림을 바라보며 마지막 시대를 살아가는 사람들이 해야 할 일은 무엇입니까?(12-14)

_____

_____

_____

_____

2 사람과의 관계에서 꼭 기억해야 할 삶의 원리는 무엇입니까?(15)

_____

_____

_____

_____

3 재림을 믿는 그리스도인이 일상생활 속에서 실천해야 할 모습은 무엇입니까?(16-18)

_____

_____

_____

_____

④ 그리스도인이 영적인 일을 어떻게 분별하면서 살아야 합니까?(19-22)

⑤ 재림의 때를 준비하는 우리 모습을 말해 보십시오.(23-24)

평강의 하나님이 친히 너희를 온전히 거룩하게 하시고 또 너희의 온 영과
과 몸이 우리 주 예수 그리스도께서 강림하실 때에 흠 없게 보전되기를 원하노

생각을 깊게 하는 대화

1_ 주님의 재림을 바라보며 사는 사람들은 세상에서 도피하는 것이 아니라 적극적으로 세상을 정복하고 영향을 끼치는 삶을 살아야 합니다. 구체적으로 어떤 것인지 정리해 보십시오.

_____

_____

_____

2_ 예수님의 오심은 구약에서 이미 이야기한 약속과 예언의 성취입니다. 예수님은 구약의 약속에 따라 오셨습니다. 마찬가지로 앞으로 오실 재림의 예수님도 다시 오신다는 약속과 관계가 있습니다. 주님은 재림에 대해 어떤 약속을 하셨습니까? 앞으로 다시 오실 예수님을 기다리는 그리스도인과 교회의 바람직한 모습을 말해 보십시오.(참고, 행 1:9-11)

_____

_____

_____

생활 속에서 실천하기

1_ 나는 지금 이미 오신 예수님을 영접했습니까? 나는 앞으로 다시 오실 예수님을 얼마나 소망하며 기다리며 살아가고 있습니까?

_____

_____

_____

2_ 다시 오실 예수님을 만나기 위하여 나는 어떤 자세로 살아가고 있는지 말해 보십시오. 지금 주님이 오신다면 나에게 무엇이라 말할 것 같습니까?

_____

_____

_____

3_ 신부는 신랑을 맞이하기 위해 마음과 몸을 정결하게 해야 합니다. 신랑되신 예수님이 다시 오실 때를 위해 내가 준비해야 할 일은 무엇입니까?

_____

_____

_____

기다리는 사람

사람에게 기다림이 있다는 것은 아주 좋습니다.

기다림이란 희망이요 소망이기 때문입니다.

기다림이 있다는 것은 내가 살아 있다는 증거입니다.

기다림이 있는 사람은 결코 포기하지 않고 넘어지지 않습니다. 넘어져도 다시 일어납니다. 내일 수학여행을 간다면 오늘 저녁은 마음이 아주 설렙니다. 다른 날과 동일한 시간임에도 수학여행 전날 저녁은 유난히 다릅니다. 왜 그렇습니까? 기다리는 소망이 있기 때문입니다. 앞으로 소망이 있는 사람은 오늘이 즐겁습니다. 그러나 소망이 없으면 오늘은 아주 따분합니다. 기다림이 있는 사람에게 오늘의 고난은 아주 작습니다. 장차 올 영광과 비교하면 지금의 고난과 어려움은 아무것도 아니기 때문입니다. 기다리는 소망이 있다는 것처럼 즐겁고 신나는 일은 없습니다. 믿음은 소망을 굳게 부여잡는 것입니다. 믿음은 다시 오실 신랑 예수를 기다리는 것입니다. 신부와 같은 마음으로……

그리스도인의 최고의 소원은 신랑되신 예수님을 만나는 것입니다. 나는 어떻게 준비하면서 오늘을 살아가고 있습니까? 그날은 가장 좋은 것을 받는 날입니다. 십대여! 가장 좋은 것을 기다리는 자의 심정으로 오늘을 살아가십시오.

무신론자

어느 신자가 믿지 않는 친구와 신이 있느냐 없느냐를 논쟁하고 있었다.
이것을 지켜보던 다른 친구가 결국 믿는 친구가 이겼다고 판결을 내렸다.
그 이유로는 불신자인 친구가 다음과 같이 말했기 때문이다.
"어이쿠 하나님 맙소사! 저는 무신론자입니다!"

십대와 종말 09

그날과 그때는 아무도 모르나니 하늘의 천사들도
아들도 모르고 오직 아버지만 아시느니라

— 마태복음 24:36

마음을 여는 &대화

만일 내가 죽었다면 사람들이 나의 비문에 무엇이라고 쓸 것 같습니까?

● 자기 스스로 아니면 옆 친구에게 한번 적어 보게 해보십시오.

이름 :

●비문의 내용

말씀이야기 나누기

마태복음 24:32-51을 읽고 서로 이야기를 나누어 보십시오.

1 무화과나무 비유를 통해 배울 수 있는 것은 무엇입니까?(32-33)

2 하나님의 말씀은 언제 다 이루어집니까?(34)

3 이 세상의 것과 하나님의 말씀은 어떤 면에서 다릅니까?(35)

④ 주님이 오시는 종말의 때는 누구만 아십니까?(36)

⑤ 주님이 재림하시는 때에 어떤 일이 일어납니까?(37-41)

⑥ 재림을 대비하는 성도의 자세에 대한 비유 두 가지를 말해 보십시오.(42, 51)

⑦ 예수님이 재림할 때를 대비하여 우리는 어떤 삶을 살아야 합니까?(45-51)

그날과 그때는 아무도 모르나니 하늘의 천사들도 아들도 모르고 오직 아버지만 아시느니라

생각을 깊게 하는 대화

1_ 하나님이 종말인 그날과 그때를 우리에게 가르쳐 주시지 않은 이유는 무엇입니까?(참고, 살전 5:1-8)

_____

_____

_____

2_ 그리스도인의 삶은 종말론적인 삶입니다. 종말론적이라는 말의 뜻이 무엇인지 말해 보십시오. 이것이 우리에게 주는 유익은 무엇입니까?(참고, 요 5:27-29; 계 22:20)

_____

_____

_____

3_ 종말은 크게 두 가지가 있습니다. 개인적인 종말과 역사적인 종말입니다. 그 예를 들어서 설명해 보십시오.

_____

_____

_____

생활 속에서 실천하기

1_ 갑작스러운 병으로 나에게 오늘 사형선고가 3개월이 내려졌다면 나는 무슨 일을 가장 먼저 하고 싶습니까? 아울러 어떤 자세로 살 것입니까?

2_ 지금 주님이 오시면 나에게 무엇이라고 말할까요?

3_ 종말론적 삶을 사는 나의 원칙을 두 가지 이상 적어 보십시오.

오늘이 마지막이라는 생각으로

"주님이 오늘 내게 오시면 나는 무엇이라고 말할까요?"

우리는 언제나 이 말을 준비해두어야 합니다.

오늘 하루하루를 살 때마다 이 고백을 해야 합니다.

"주님, 오늘이 나의 마지막은 아닙니까?"

오늘이 마지막이라고 생각하면서 하루를 살아가면

아무리 힘든 일이라도 별로 문제가 되지 않습니다.

죽기를 각오한 사람에게 무엇이 문제가 되겠습니까?

종말의식이 희미하면 모든 것이 걱정이요 모든 것이 불만이요 모든 것이 게으르게 됩니다. 모든 불평과 원망은 종말론적인 신앙이 약해질 때 생깁니다. 오늘 하나님이 나를 불러 가신다면 지금 내가 걱정하고 있는 염려는 의미가 없을 것입니다. 오늘 하루의 괴로움이 족할 것입니다. 이렇게 보면 지금 우리가 걱정 근심하고 힘들어 하는 것은 헛된 것일 수 있습니다. 마지막을 보면서 오늘을 보면 아주 마음이 편안합니다. 부활이 없는 사람이 마지막을 생각하는 것은 슬픈 일입니다. 그러나 부활의 소망이 있는 사람이 마지막을 그려 보는 것은 즐거운 일입니다.

아무도 그날과 그때를 알 수 없습니다.

그러나 그날은 분명히 옵니다. 언제 올지 모르는 그날을 오늘이라고 생각하면서 하루를 최선을 다한다면 그것이 종말론적 삶이 아닐까요?

십대여! 오늘이 마지막이라고 생각하며 최선을 다하여 감사히 살아갑시다.

어린이 기도

하루는 목사님이 교회학교에 다니는 어린 소년에게 물었습니다.
"애야, 너는 밤마다 기도를 드리니?"
"예, 목사님."
"그러면 똑같은 기도를 아침에도 드리니?"
"아니에요, 목사님. 저는 낮에는 절대로 안 무섭거든요."
"……?"

십대와 사랑 10

사랑하는 자들아 하나님이 이같이 우리를 사랑하셨은즉
우리도 서로 사랑하는 것이 마땅하도다

— 요한일서 4:11

마음을 여는 &대화

영국 에든버러 시의 어느 극장에서 일어났던 일입니다. 연주회가 무르익어 가는 중에 갑자기 화재가 발생했습니다. 순식간에 무대에 불이 붙었습니다. 관객은 저마다 아우성치며 출입구 쪽으로 몰려가 극장 안은 순식간에 수라장이 되고 말았습니다. 이를 본 지배인은 악단에게 애국가를 연주하라고 지시했습니다. 단원들은 그 자리를 피하고 싶었습니다. 그러나 워낙 엄격한 지배인의 명령이기에 할 수 없이 악기를 들고 애국가를 연주하기 시작했습니다. 화재를 피해 입구 쪽으로 몰려가던 관객들은 애국가를 듣자 경건한 마음으로 질서 정연하게 출입구 쪽으로 걸어갔습니다. 그리하여 모두 안전하게 밖으로 대피하였습니다. 그러나 최후의 한 사람이 대피할 때까지 애국가를 연주하던 악단원은 그만 불행하게도 연기에 휩싸여 죽고 말았습니다.

● 이 이야기를 읽고 느낀 점을 말해 보십시오.

_____

_____

_____

● 나는 살아오면서 이런 사랑을 받은 적이 있습니까?

_____

_____

_____

82

말씀이야기 나누기

요한일서 4:7-21을 읽고 서로 이야기를 나누어 보십시오.

1 사랑의 원천을 말해 보십시오. (7-8)

_____

_____

_____

_____

2 하나님의 사랑은 어떻게 우리에게 나타났습니까?(9)

_____

_____

_____

_____

3 사랑의 특징은 무엇입니까?(10-11)

_____

_____

_____

_____

④ 하나님을 볼 수 있는 길은 무엇입니까?(12-16)

⑤ 하나님의 사랑을 받음으로 얻는 유익은 무엇입니까?(17-18)

⑥ 우리는 어떻게 사랑해야 합니까? 올바른 사랑의 방법을 말해 보십시오.(20-21)

사랑하는 자들아 하나님이 이같이 우리를 사랑하셨은즉
우리도 서로 사랑하는 것이 마땅하도다

생각을 깊게 하는 대화

1_ 사람들이 사랑에 대해서 가장 많이 말하면서도 실제로는 사랑하지 못하는 이유는 무엇입니까?

_____

_____

_____

2_ 우리가 하나님의 사랑을 오직 예수님을 통해서 제대로 알 수 있고 소유할 수 있는 이유는 무엇입니까?

_____

_____

_____

3_ 성경은 사랑의 이야기입니다. 구약의 율법과 십계명의 핵심도 사랑입니다. 왜 하나님과 이웃 사랑은 하나가 되어야 하는지 그 이유를 말해 보십시오.(참고, 롬 13:8-10)

_____

_____

_____

생활 속에서 실천하기

1_ 하나님을 믿으면서 달라지고 있는 나의 모습이 있다면 말해 보십시오.

_____

_____

_____

2_ 신앙은 점차 사랑의 사람이 되어 가는 것을 의미합니다. 내가 앞으로 어떻게 달라져야 하는지 말해 보십시오.

_____

_____

_____

3_ 나의 사랑관에 대해서 말해 보십시오.

_____

_____

_____

먼저 사랑

우리가 제대로 사랑할 수 없는 이유는 상대방이 먼저 사랑해 주기를 원하기 때문입니다. 그러나 사랑은 내가 먼저 해야 합니다. 특히 그리스도인의 사랑은 먼저 사랑입니다. 그 이유는 주님이 우리를 먼저 사랑하셨기 때문입니다. 하나님이 먼저 우리를 사랑하셨기 때문에 우리 안에 하나님의 사랑이 거하는 것입니다. 그러므로 우리의 사랑이 진정으로 힘을 발휘하려면 먼저 사랑해야 합니다. 은혜를 받으면 먼저 사랑하게 됩니다. 그러나 은혜가 사라지면 다른 사람이 나를 사랑해 주기를 바랍니다. 우리는 하나님에게 이미 받은 사랑이 있습니다. 십자가를 통하여 너무나 큰 사랑을 받았습니다. 물론 거저 받은 사랑입니다. 우리가 아직 죄인되었을 때, 하나님과 원수되었을 때, 하나님께 다가갈 수 없는 연약한 상태에서 하나님이 먼저 나에게 다가와 모든 사랑을 베풀어 주셨습니다.

십대가 꿈꿀 수 있는 모습 중에 가장 소중한 것은 사랑의 사람이 되는 것입니다. 상대방의 모습에 상관하지 않고 내가 먼저 이웃을 사랑하는 일입니다. 우리가 하나님을 알면 알수록 우리는 이웃을 내 몸처럼 사랑하게 됩니다. 무엇보다도 사랑으로 마음을 가득히 채우십시오. 사랑으로 충만할 때 우리는 다른 사람에게 사랑을 전하는 선한 도구가 될 것입니다. 사랑보다 위대한 것은 없습니다. 사랑만큼 큰 전도는 없습니다. 사랑은 죽음보다 더 강합니다. 십대여! 남의 눈치를 보지 말고 먼저 사랑함으로 사랑의 사람이 됩시다.

저자 이대희 목사

장로회 신학대학교 신학대학원(M.Div)과 연세대학교 연합신학대학원(Th.M)을 졸업하고
현재 에스라성경대학원대학교 성경학박사(D.Liit) 과정 중이다.
예장총회교육자원부 연구원과 서울장신대학교 신학과 교수를 역임하고 서울 극동방송에
서 "알기 쉬운 성경공부" "기독교 이해" 등의 프로그램을 진행했다. 지난 20여 년 동안 성
서사람 · 성서한국 · 성서교회 · 성서나라의 모토를 가지고 한국적 성경교육과 실천사역
을 위해 집필과 세미나와 강의사역을 하고 있다. 현재 바이블미션(www.bible91.org) 대
표, 꿈을주는교회 담임목사, 독수리기독중고등학교 성경교사, 강남성서신학원 외래교수,
서울장신대 겸임교수로 사역 중이다.
저서로 《30분 성경공부시리즈》《투데이 성경공부시리즈》《아름다운 십대 성경공부시리
즈》《이야기대화식성경연구》《성경통독을 위한 11가지 리딩포인트》《심방설교 이렇게 준
비하라》《예수님은 어떻게 교육했을까?》《1% 가능성을 성공으로 바꾼 사람들》《자녀를
거인으로 우뚝 세우는 침상기도》《하룻밤에 배우는 쉬운 기도》《하나님 이것이 궁금해
요》《크리스천이 꼭 알아야 할 100문 100답》 등 100여 권이 있다.

신앙원리

초판1쇄 발행일 | 2007년 1월 20일
초판2쇄 발행일 | 2010년 10월 15일

지은이 | 이대희
펴낸이 | 박종태
펴낸곳 | 엔크리스토
마케팅 | 정문구, 강한덕
관리부 | 이태경, 신주철, 맹정애, 강지선

출판등록 | 2004년 12월 8일 (제2004-116호)
주   소 | 경기도 고양시 일산동구 장항동 568-17
전   화 | (031) 907-0696
팩   스 | (031) 905-3927
이메일 | visionbooks@hanmail.net
공급처 | 비전북 전화 (031) 907-3927 팩스 (031) 905-3927

ISBN 978-89-92027-19-9 04230
      89-89437-58-X (세트)

값 3,500원

- 잘못된 책은 바꾸어 드립니다.
- 이 교재의 사용 방법, 내용, 훈련, 세미나에 대한 문의는 바이블미션(02-403-0196, 010-2731-
  9078)으로 해주시면 최선을 다해 도와드리겠습니다.